★ 100 RECETTES À DÉVORER ★

CUISINE FACILE

en 2 étapes

POUR CEUX QUI SONT VRAIMENT NULS EN CUISINE !

SOLAR EDITIONS

J'ai toujours aimé manger de bons plats, mais le goût
de cuisiner ne m'est jamais venu. Vous non plus ?
Alors essayez cette technique de cuisine (très) facile,
des recettes simples et concises en 2 étapes seulement,
toujours les mêmes et dans le même ordre :
couper des ingrédients, foutre d'autres ingrédients,
et le tour est joué… C'est magique : pas de mauvaise surprise,
ça marche à tous les coups !

Ce livre est donc destiné à toutes les personnes qui aiment
bien manger, mais moins cuisiner, car les recettes les plus
simples devraient être les meilleures…
Bon appétit !

Aurélien Guihéneuf
fervent défenseur de la cuisine dite «Couper / Foutre»
auteur du blog du même nom

Sommaire

Des idées pour Couper / Foutre...

... LE SOIR DEVANT LA TV

... QUAND ON N'A PLUS UN ROND

... AVANT DE RECEVOIR LES BEAUX-PARENTS

… LES LENDEMAINS DE CUITE

… APRÈS L'EFFORT

… QUAND LES POTES S'INCRUSTENT

Mini-omelette au chèvre

Couper des œufs
Foutre du chèvre

Pour 6 personnes
Préparation : 10 minutes
Cuisson : 8 minutes

8 œufs extra-frais
150 g de fromage de chèvre frais (type Petit Billy® ou Chavroux®)
150 g de julienne de légumes surgelée
10 cl de lait demi-écrémé
2 cuil. à soupe de coriandre (fraîche ou surgelée) ciselée
1 cuil. à soupe d'huile d'olive + un peu pour la poêle
Sel et poivre

1 *Dans une poêle antiadhésive, faites chauffer l'huile et versez la julienne de légumes (encore surgelée). Salez et faites revenir à feu moyen 3 minutes, puis saupoudrez de la moitié de la coriandre ciselée. Dans un bol, battez les œufs en omelette avec le lait, du sel et du poivre. Ajoutez les légumes.*

2 *Faites chauffer une poêle à blinis légèrement huilée au pinceau et versez l'omelette dans les alvéoles. Parsemez de fromage émietté. Quand les mini-omelettes sont cuites, saupoudrez un peu de coriandre et glissez-les dans une grande assiette. Renouvelez l'opération avec le reste d'omelette contenue dans le bol. Servez chaud.*

Salade de tortis aux crevettes

Couper des crevettes
Foutre sur des tortis refroidis

Pour 1 personne
Préparation : 10 minutes
Cuisson : 10 minutes

Pour la salade :

65 g de tortis colorés
6 crevettes roses cuites
60 g de germes de soja en bocal
1 carotte

Pour la sauce :

2 cuil. à soupe de crème de soja (ou de crème légère à 15 % MG)
1 cuil. à café de jus de citron
1 cuil. à café d'aneth ciselé
1 cuil. à café de moutarde aux condiments (type Savora®)
½ cuil. à café de curry en poudre
Sel

1 *Faites cuire les pâtes 10 minutes environ, selon les indications portées sur l'emballage. Égouttez-les et laissez-les tiédir. Préparez la sauce : dans un saladier, mélangez tous les ingrédients.*

2 *Décortiquez les crevettes et déposez-les dans le saladier. Ajoutez la carotte râpée, les germes de soja égouttés et les pâtes tiédies. Mélangez le tout.*

Salade de riz façon niçoise

Couper des olives
Foutre sur du riz

Pour 4 personnes
Préparation : 20 minutes
Cuisson : 10-15 minutes

200 g de riz semi-complet
200 g de thon au naturel en boîte
2 œufs durs
150 g de haricots verts cuits
3 tomates
40 g d'olives non épicées
2 cuil. à soupe de persil frais ciselé
5 g de moutarde
1 cuil. à soupe de vinaigre de cidre
10 cl d'huile de colza
10 cl d'huile d'olive
Sel et poivre

1 *Dans une casserole d'eau bouillante salée, faites cuire le riz 10 à 15 minutes à feu doux. Laissez tiédir. Préparez la vinaigrette : dans un bol, mélangez le persil, la moutarde, le vinaigre, du sel et du poivre, puis les huiles. Coupez les olives et les tomates en quartiers.*

2 *Dans un saladier, émiettez le thon, ajoutez les haricots verts, les tomates et les olives. Incorporez le riz encore tiède. Versez la vinaigrette et mélangez tous les ingrédients. Répartissez la préparation dans des bols. Disposez les œufs durs coupés en tranches sur la salade avant de servir.*

Pan bagnat

Couper du pain
Foutre des crudités

Pour 4 personnes
Préparation : 20 minutes

4 pains ronds complets de 15 cm de diamètre
2 œufs durs
8 filets d'anchois à l'huile
6 tomates
8 feuilles de salade
8 radis
½ poivron jaune
12 olives noires
1 petit oignon blanc
1 gousse d'ail
½ botte de basilic
1 cuil. à soupe de vinaigre de cidre
2 cuil. à soupe d'huile d'olive
Sel et poivre

1 *Coupez les pains en deux. Frottez-les avec la gousse d'ail pelée et coupée en deux. Huilez légèrement les demi-pains à l'aide d'un pinceau.*

2 *Lavez et essorez les feuilles de salade. Coupez les tomates en rondelles et réservez-les. Nettoyez les radis et l'oignon, puis coupez-les en fines rondelles. Versez-les dans un saladier. Pelez le poivron et coupez-le en lanières, puis déposez-les dans le saladier. Ciselez le basilic au-dessus du saladier et ajoutez les olives dénoyautées. Arrosez avec le reste d'huile d'olive, le vinaigre, salez et poivrez. Mélangez le tout. Déposez 1 feuille de salade sur 4 demi-pains, recouvrez de quelques rondelles de tomates, puis d'un quart du mélange du saladier. Ajoutez ½ œuf dur coupé en rondelles, 2 filets d'anchois et 1 autre feuille de salade. Posez l'autre moitié du pain dessus. Pressez légèrement et servez aussitôt.*

Œufs cocotte à l'estragon

Couper des œufs
Foutre de l'estragon

Pour 4 personnes
Préparation : 10 minutes
Cuisson : 10 minutes

4 tranches de pain de mie complet
4 œufs
4 cuil. à café de crème épaisse à 15 % MG
4 cuil. à café d'estragon ciselé
Sel et poivre

1 *Dans un bol, mélangez la crème, l'estragon, du sel et du poivre. Dans un bol, cassez 1 œuf en prenant soin de ne pas rompre le jaune, et versez-le dans un ramequin. Déposez 1 cuillerée du mélange sur l'œuf. Procédez de même pour les autres.*

2 *Placez les ramequins dans le panier d'un cuit-vapeur et faites cuire 10 minutes environ : le blanc des œufs doit devenir opaque. Toastez les tranches de pain au grille-pain, puis coupez-les en mouillettes. Servez les œufs cocotte avec les mouillettes.*

Bricks à l'œuf

Couper des œufs
Foutre dans des feuilles de brick

Pour 4 personnes
Préparation : 10 minutes
Cuisson : 8 minutes

5 feuilles de brick
4 œufs
4 cuil. à soupe d'oignons émincés surgelés
1 cuil. à soupe de persil plat ciselé frais ou surgelé
Huile d'olive
2 pincées de piment d'Espelette ou de Cayenne
Sel et poivre

1 *Préchauffez le four à 200 °C (th. 6-7). Dans un saladier, mélangez l'oignon, le persil, le piment, du sel et du poivre. Huilez la plaque du four et déposez-y la première feuille de brick entière.*

2 *Découpez une deuxième feuille de brick en quatre et posez-en un quart sur la première feuille. Déposez un quart de la préparation aux oignons dessus. Cassez 1 œuf dessus, salez, poivrez et repliez la feuille de brick comme un chausson. Huilez au pinceau le dessus. Procédez de même pour les trois autres et faites cuire au four 8 minutes, jusqu'à ce que les bricks soient dorés. Servez chaud.*

Tartines aubergine-mozzarella-tomate

Couper les ingrédients
Foutre sur du pain

Pour 4 personnes
Préparation : 10 minutes
Cuisson : 5 minutes

4 grandes tranches de pain au levain
4 tranches d'aubergines grillées
1 boule de mozzarella
2 tomates olivettes
1 cuil. à soupe d'un mélange d'herbes de Provence
2 cuil. à soupe d'huile d'olive
Sel et poivre

1 *Préchauffez le gril du four. Coupez les tomates et la boule de mozzarella en rondelles. Dans un bol, mélangez l'huile, les herbes, salez et poivrez.*

2 *Enduisez au pinceau les tranches de pain avec cette préparation. Tapissez ensuite de rondelles de tomates, puis d'une tranche d'aubergine et de mozzarella. Faites cuire au four jusqu'à ce que le fromage gratine.*

Soupe à la citrouille acidulée

Couper une citrouille
Foutre sur feu doux le temps qu'elle fonde

Pour 4 personnes
Préparation : 20 minutes
Cuisson : 20-25 minutes

800 g de citrouille
½ pomme granny-smith
1 oignon pelé et émincé
10 cl de lait demi-écrémé
1 cuil. à soupe de cerfeuil ciselé + quelques brins pour le décor
1 cube de bouillon de légumes
1 cuil. à soupe d'huile
Sel et poivre

1 *Retirez l'écorce de la citrouille, enlevez toutes les graines et les filaments et coupez sa chair en cubes. Dans une cocotte, faites chauffer l'huile à feu moyen et ajoutez l'oignon. Remuez et laissez légèrement dorer avant de saler et d'ajouter la citrouille. Versez le lait et complétez avec de l'eau à hauteur des cubes. Déposez le cube de bouillon de légumes. Réduisez le feu, couvrez et laissez cuire 15 à 20 minutes.*

2 *Une fois la cuisson terminée, passez les légumes au moulin à légumes ou au mixeur en versant la quantité de liquide nécessaire pour obtenir la texture que vous aimez (plus ou moins liquide). Ajoutez le cerfeuil ciselé et râpez la pomme au-dessus. Poivrez et servez. Décorez de brins de cerfeuil.*

Œufs brouillés au jambon

Couper du jambon
Foutre dans une poêle avec des œufs

Pour 1 personne
Préparation : 5 minutes
Cuisson : 10 minutes

1 tranche de jambon cuit
1 tranche de pain un peu rassis
3 œufs
25 g de beurre
2 cuil. à soupe de gruyère râpé
Sel et poivre

1 *Cassez les œufs dans un grand bol et crevez les jaunes pour mélanger les œufs sans trop les battre. Salez et poivrez. Ajoutez le fromage râpé. Coupez le jambon et le pain en petits dés. Réservez. Faites fondre le beurre dans une casserole à fond épais.*

2 *Versez les œufs au fromage et faites cuire en remuant sans arrêt sur feu doux pendant une petite dizaine de minutes. Les œufs doivent être onctueux. Versez les œufs brouillés au fromage dans une assiette chaude, ajoutez les dés de jambon et les croûtons de pain. Donnez encore un tour de moulin à poivre et dégustez aussitôt.*

Salade grecque traditionnelle

Couper des olives, des tomates et de la feta
Foutre dans un saladier

Pour 1 personne
Préparation : 10 minutes

2 tomates
12 grosses olives noires dénoyautées
100 g de feta
3 cuil. à soupe d'huile d'olive
Sel et poivre

1 *Lavez et essuyez les tomates. Coupez les tomates et la feta en petits cubes et mettez-les dans un saladier. Ajoutez les olives noires.*

2 *Arrosez d'huile d'olive, salez et poivrez, puis mélangez délicatement.*

Gaspacho à l'espagnole

Couper très finement des tomates, du poivron et du concombre
Foutre au réfrigérateur

Pour 1 personne
Préparation : 20 minutes

100 g de concombre
1 poivron rouge
2 cuil. à soupe de persil plat haché
1 grande boîte de tomates pelées au naturel
1 cuil. à soupe d'huile d'olive
Sel et poivre

1 *Ouvrez la boîte de tomates, versez le contenu dans un grand bol et écrasez-le (tomates et jus) avec une fourchette ou passez-le rapidement au mixeur plongeant. Ajoutez le concombre pelé et coupé en très petits dés. Lavez le poivron, ouvrez-le en deux, retirez les graines et les cloisons, taillez la chair en petits dés, ajoutez-les, ainsi que l'huile d'olive et le persil. Salez et poivrez. Mélangez intimement.*

2 *Réservez au frais. Au moment de servir, donnez alors un tour de moulin à poivre sur le gaspacho.*

Guacamole aux miettes de thon

Couper du thon
Foutre sur de l'avocat écrasé

Pour 1 personne
Préparation : 10 minutes

1 avocat mûr
½ citron vert
2 très fines tranches de jambon cru
2 petites tortillas
1 petite boîte de thon à l'huile
1 cuil. à soupe de crème fraîche
Sel et poivre

1 *Égouttez le contenu de la boîte de thon et émiettez-le finement. Taillez le jambon cru en languettes. Coupez l'avocat en deux, retirez le noyau et prélevez toute la pulpe. Mettez-la dans un bol et ajoutez le jus de citron vert. Écrasez le tout avec une fourchette en ajoutant la crème fraîche. Salez et poivrez.*

2 *Tartinez les tortillas avec la purée d'avocat, parsemez de miettes de thon et garnissez avec les languettes de jambon.*

Soupe à l'oignon gratinée

Couper des oignons
Foutre dans de l'eau avec du gruyère par-dessus

Pour 4 personnes
Préparation : 15 minutes
Cuisson : 20 minutes

700 g d'oignons
1 l de bouillon de volaille
½ baguette de pain
35 g de beurre
180 g de gruyère râpé
1 cuil. à café de thym séché
1 cuil. à soupe de farine
Sel et poivre

1 *Pelez et émincez les oignons. Faites fondre le beurre dans une grande casserole. Ajoutez les oignons en remuant et laissez-les blondir pendant quelques minutes. Ajoutez la farine et remuez pendant 3 minutes, puis versez le bouillon et ajoutez le thym. Mélangez bien, puis portez à ébullition. Salez, poivrez et laissez bouillonner pendant 10 minutes.*

2 *Pendant ce temps, coupez le pain en fines rondelles et faites-les toaster rapidement. Retirez la soupe à l'oignon du feu et répartissez-la dans 4 bols en porcelaine à feu. Garnissez le dessus de rondelles de pain en les enfonçant légèrement dans le bouillon. Parsemez généreusement de gruyère râpé et faites gratiner doucement dans le four pendant une dizaine de minutes. Servez très chaud.*

Tarte à la tomate

Couper des tomates
Foutre sur une pâte à tarte

Pour 4 personnes
Préparation : 15 minutes
Repos : 30 minutes
Cuisson : 35 minutes

3 tomates
1 œuf
50 g de fromage râpé
10 cl de crème liquide
1 pâte brisée pur beurre
1 cuil. à soupe de moutarde
Sel et poivre

1 *Lavez les tomates, essuyez-les et coupez-les en rondelles fines et régulières. Salez-les et réservez-les 30 minutes dans un plat pour qu'elles perdent leur eau de végétation. Préchauffez le four à 200 °C (th. 6-7).*

2 *Déposez la pâte avec son papier de cuisson dans un moule à tarte de 25 cm de diamètre. Repliez la partie excédentaire vers l'intérieur et pincez-la entre deux doigts pour une belle finition. À l'aide d'un pinceau, badigeonnez le fond de la tarte de moutarde. Épépinez les rondelles de tomates et rangez-les sur la moutarde en les faisant légèrement se chevaucher. Salez, poivrez. Battez l'œuf dans un bol avec la crème liquide, salez et poivrez, et versez le tout sur les tomates. Saupoudrez de fromage râpé, glissez au four et laissez cuire pendant 35 minutes environ.*

Crostini courgette et pignons de pin

Couper une courgette en dés
Foutre sur du pain
avec des pignons de pin un peu partout

Pour 4 personnes
Préparation : 5 minutes
Cuisson : 10 minutes

½ baguette tradition
1 courgette
1 poignée de pignons de pin
2 cuil. à soupe de fromage frais ail et fines herbes (type Philadelphia®)
1 cuil. à soupe d'huile d'olive

1 *Préchauffez le gril du four. Coupez la baguette en deux dans la largeur puis dans l'épaisseur pour obtenir 4 grandes tartines. Dans une poêle antiadhésive, faites chauffer l'huile. Coupez la courgette en petits cubes ; faites-les dorer une dizaine de minutes dans la poêle en remuant régulièrement jusqu'à coloration.*

2 Faites griller les tartines au four puis étalez dessus une couche de fromage frais, une couche de dés de courgette et parsemez de quelques pignons de pin.

Cake jambon-champignons

Couper du jambon et des champignons
Foutre dans de la farine avec des œufs

Pour 1 cake
Préparation : 15 minutes
Cuisson : 45 minutes

3 œufs
130 g de jambon cuit
1 oignon émincé
200 g de champignons de Paris émincés
150 g de farine fluide
½ sachet de levure
1 cuil. à soupe de moutarde
2 cuil. à soupe de persil
10 cl de lait
Sel et poivre

1 *Préchauffez le four à 180 °C (th. 6). Faites revenir l'oignon et les champignons dans une poêle antiadhésive avec un peu de sel, 5 minutes à couvert. Ôtez le couvercle et laissez cuire jusqu'à évaporation complète de l'eau.*

2 *Cassez les œufs dans un saladier. Ajoutez la moutarde et le persil haché, puis incorporez peu à peu la farine et la levure mélangées. Délayez avec le lait. Salez et poivrez. Ajoutez le jambon coupé en dés et le contenu de la poêle. Versez la préparation dans un moule à cake antiadhésif de 1 litre de contenance et enfournez pour 35 minutes. Attendez quelques minutes avant de démouler. Servez tiède ou froid.*

Spaghettis façon carbonara

Couper du lard
Foutre sur des spaghettis avec de la crème

Pour 4 personnes
Préparation : 10 minutes
Cuisson : 15-20 minutes

300 g de spaghettis
15 cl de lait demi-écrémé
8 cl de crème liquide légère
40 g de parmesan râpé
200 g de lard fumé
1 cuil. à soupe de Maïzena®
Gros sel
Sel et poivre

1 *Dans un faitout, faites cuire les spaghettis à l'eau bouillante additionnée de gros sel selon les indications portées sur l'emballage. Dans une casserole, versez le lait et la crème. Salez et poivrez, puis portez à frémissements. Coupez le lard en lardons et faites-les revenir à la poêle jusqu'à ce qu'ils soient bien dorés.*

2 *Dans un bol, délayez la Maïzena® dans 1 cuillerée à soupe d'eau et ajoutez-la au lait et à la crème. Mélangez jusqu'à épaississement et ôtez du feu. Égouttez les spaghettis et remettez-les dans le faitout. Versez la sauce et mélangez pour bien en enrober les pâtes. Ajoutez les lardons et le parmesan râpé. Servez aussitôt.*

Brochettes d'agneau aux abricots secs

Couper de l'agneau et des abricots secs
Foutre sur des piques

Pour 4 personnes
Préparation : 10 minutes
Repos : 15 minutes
Cuisson : 6 minutes

400 g de gigot d'agneau coupé en cubes
8 tomates cerises
8 abricots secs
1 cuil. à café de ras el-hanout ou de mélange pour couscous Cook® (en magasin bio)
3 cuil. à soupe d'huile d'olive

1 *Déposez les cubes de viande dans un plat creux. Dans un bol, mélangez l'huile d'olive avec le ras el-hanout. Versez ce mélange sur la viande et laissez reposer au minimum 15 minutes.*

2 *Préchauffez le gril du four. Préparez les brochettes : piquez alternativement 4 cubes de viande, 2 tomates cerises et 2 abricots secs par brochette. Si vous utilisez des piques en bois, faites-les tremper dans de l'eau au préalable pour éviter qu'elles ne brûlent. Faites cuire au four 6 minutes environ.*

Coquillettes façon risotto

Couper des champignons
Foutre avec des pâtes

Pour 4 personnes
Préparation : 10 minutes
Cuisson : 20 minutes

250 g de coquillettes complètes
200 g de champignons de Paris émincés
2 tranches de jambon blanc
60 g de mimolette demi-vieille
2 cuil. à soupe d'oignons émincés surgelés
2 cuil. à café de basilic ciselé
50 cl de bouillon de légumes
2 cuil. à soupe d'huile d'olive
Sel et poivre

1 *Dans une casserole, faites chauffer le bouillon. Dans un wok ou une sauteuse, faites chauffer l'huile. Versez les oignons et les coquillettes, et mélangez jusqu'à ce que l'ensemble devienne translucide. Salez, ajoutez les champignons et versez la moitié du bouillon chaud. Remuez et couvrez. Laissez cuire jusqu'à ce que le bouillon soit absorbé. Versez-en encore un peu, remuez et poursuivez ainsi jusqu'à ce que les coquillettes soient cuites (15 minutes environ).*

2 *Découpez le jambon en lanières et prélevez des copeaux de mimolette à l'aide d'un couteau économe. Lorsque les coquillettes sont cuites, poivrez-les et retirez du feu. Servez-les parsemées de basilic, avec le jambon et la mimolette.*

Rösti de saumon

Couper des pommes de terre en petits morceaux
Foutre du saumon

Pour 8 röstis
Préparation :10 minutes
Cuisson : 8-10 minutes

400 g de pommes de terre type charlotte
120 g de chutes de saumon fumé
1 œuf
2 cuil. à soupe de crème fraîche épaisse à 15 % MG
1 cuil. à soupe d'aneth ciselé
Sel, poivre

1 Épluchez et lavez les pommes de terre puis râpez-les. Disposez dans une petite passoire et pressez pour éliminer une partie de leur eau.

2 Préchauffez le gril du four. Coupez le saumon fumé en lanières et mélangez-les avec les pommes de terre râpées dans un saladier. Ajoutez l'œuf battu, la crème et l'aneth. Salez et poivrez. Formez 8 grosses galettes de 1 cm d'épaisseur environ entre vos mains et faites-les cuire au four 8 à 10 minutes. Servez avec une salade verte.

Croques complets au canard

Couper du canard
Foutre entre deux tranches de pain de mie complet

Pour 4 personnes
Préparation : 10 minutes
Cuisson : 10 minutes

8 tranches de pain de mie complet
1 magret de canard
4 fines tranches de reblochon
200 g de tomates confites (surgelées ou en bocal)
1 cuil. à soupe d'herbes de Provence
1 cuil. à soupe d'échalotes ciselées fraîches ou surgelées
1 cuil. à café d'ail pilé frais ou surgelé
1 cuil. à café de miel liquide
1 cuil. à soupe de vinaigre balsamique
Sel et poivre

1 *Préchauffez le four à 180 °C (th. 6). Éliminez le gras du magret en n'en laissant qu'une fine couche. Déposez-le dans un plat allant au four et faites cuire 6 minutes. Dans le bol d'un mixeur, mélangez les tomates confites avec l'ail, l'échalote, le vinaigre, le miel, du sel et du poivre. Sortez le canard du four et coupez-le en tranches de 50 mm d'épaisseur.*

2 *Sur une plaque de four, disposez 4 tranches de pain. Tartinez leur surface de purée de tomates, parsemez d'herbes de Provence et déposez 2 tranches de magret. Posez les autres tranches sur la viande et 1 tranche de reblochon, puis poivrez. Faites cuire au four quelques minutes le temps que le fromage fonde. Servez chaud accompagné de salade.*

Couscous express aux côtes d'agneau

Couper de l'agneau et des légumes Foutre de la semoule

Pour 4 personnes
Préparation : 10 minutes
Cuisson : 20 minutes

200 g de semoule de couscous (grain moyen)
8 petites côtes d'agneau
500 g de légumes pour couscous (surgelés)
1 petite boîte de pois chiches
1 petite boîte de concentré de tomate
3 cuil. à soupe de raisins secs blonds
1 cuil. à soupe d'oignons émincés surgelés
1 cuil. à café d'ail haché surgelé
2 cuil. à soupe de coriandre ciselée
1 cuil. à café ou 1 sachet d'épices à couscous (type Cook® ou Ducros®)
2 cuil. à soupe d'huile d'olive
Sel

1 *Mettez les raisins secs à gonfler dans 1 verre d'eau. Dans une cocotte, chauffez 1 cuillerée à soupe d'huile et faites-y revenir l'oignon émincé et l'ail haché avec une pincée de sel. Ajoutez le mélange de légumes pour couscous. Versez de l'eau pour les immerger. Salez, ajoutez le concentré de tomate, la moitié de la coriandre et les épices à couscous. Couvrez et laissez cuire 15 minutes. Dans un saladier, versez la semoule de couscous et recouvrez du double de son volume en eau bouillante salée. Laissez gonfler les grains de couscous, puis égrenez à la fourchette avec l'autre cuillerée à soupe d'huile.*

2 *Mélangez les raisins secs égouttés avec la semoule, couvrez et réservez. Chauffez une poêle sur feu moyen et grillez les côtes d'agneau 2 minutes de chaque côté. Ajoutez les pois chiches égouttés dans la cocotte et versez légumes et bouillon dans un plat creux. Parsemez de coriandre et servez avec la semoule et la viande.*

Wok de poulet aux noix de cajou

Couper du poulet
Foutre dans un wok avec des noix de cajou

Pour 4 personnes
Préparation : 10 minutes
Réfrigération : 15 minutes
Cuisson : 15-20 minutes

250 g de nouilles de riz
400 g de blancs de poulet
2 petites carottes
1 courgette
1 blanc d'œuf
40 g de noix de cajou
2 cuil. à café de Maïzena®
1 cuil. à soupe de coriandre
1 cuil. à soupe de sauce soja
1 cuil. à café d'huile de sésame
1 cuil. à soupe d'huile d'arachide
Sel et poivre

1 *Dans un saladier, mélangez les blancs de poulet coupés en cubes avec le blanc d'œuf, l'huile de sésame et la Maïzena®. Salez et réservez au réfrigérateur 15 minutes environ. Dans une casserole d'eau bouillante salée, faites cuire les nouilles selon les indications portées sur l'emballage (moins de 5 minutes) et égouttez-les. Lavez les légumes, coupez leurs extrémités et pelez les carottes. Émincez les carottes et la courgette à l'aide d'un couteau économe pour réaliser des tagliatelles de légumes.*

2 *Chauffez un wok, puis versez l'huile d'arachide. Dorez les noix de cajou 2 minutes. Ajoutez la sauce soja et les cubes de poulet. Faites sauter sans cesser de remuer, 5 à 8 minutes, et réservez. Mettez les légumes émincés dans le wok, salez et faites sauter en remuant 5 minutes. Versez les nouilles égouttées, le poulet et les noix, mélangez, poivrez et saupoudrez de coriandre ciselée. Servez chaud dans des bols.*

Tacos au bœuf mexicain

Couper du bœuf et des tomates
Foutre dans des tortillas

Pour 4 personnes
Préparation : 15 minutes
Cuisson : 20 minutes

8 tortillas de blé
300 g de viande de bœuf hachée
3 tomates
400 g de pulpe de tomate
5 feuilles de batavia
100 g de gouda
150 g de fromage blanc à 20 % MG
3 cuil. à soupe d'oignon émincé
2 cuil. à soupe de coriandre ciselée
1 cuil. à café de gingembre haché
Coriandre et cumin en poudre
1 cuil. à soupe d'huile d'olive
Piment en poudre
Sel

1 *Dans une sauteuse, chauffez l'huile et faites-y suer l'oignon et le gingembre 2 minutes à feu moyen. Ajoutez la viande hachée, remuez, puis saupoudrez de pincées de coriandre et de cumin en poudre. Baissez le feu, versez la pulpe de tomate et salez. Mélangez et couvrez. Laissez mijoter 15 minutes environ. Lavez et essorez la salade, puis émincez-la en lanières. Mettez-les dans un bol de service. Lavez et essuyez les tomates fraîches, puis coupez-les en petits dés et mettez-les dans un autre bol. Dans un troisième bol, râpez le fromage. Versez enfin le fromage blanc dans une coupelle. Réservez le tout au frais. Ôtez le couvercle de la sauteuse, ajoutez le piment et laissez de nouveau frémir jusqu'à évaporation du liquide.*

2 *Hors du feu, ajoutez la coriandre et mélangez. Déposez la sauteuse sur un repose-plat. Disposez autour les bols et coupelles de garnitures. Réchauffez 4 tortillas 30 secondes au four à micro-ondes. À chacun de garnir son tacos. Renouvelez l'opération avec les 4 tortillas restantes.*

Tartare de bœuf

Couper du bœuf en lamelles fines
Foutre sur une assiette

Pour 1 personne
Préparation : 5 minutes

150 g de steak de bœuf extra-frais
1 jaune d'œuf extra-frais
1 cuil. à soupe de moutarde
1 cuil. à soupe de câpres
1 cuil. à soupe de persil plat haché
Tabasco®
Worcestershire sauce
Ketchup
Sel et poivre

1 *Hachez au couteau la viande, puis placez-la au milieu d'une assiette, évidez légèrement le milieu et ajoutez le jaune d'œuf. Ajoutez également les câpres hachées et le persil. Mélangez avec une fourchette en ajoutant progressivement quelques gouttes de Tabasco®, 1 cuillerée à soupe ou plus de Worcestershire sauce, un peu de ketchup et la moutarde. Salez et poivrez.*

2 *Malaxez rapidement le tout avec la fourchette et dégustez frais.*

Parmentier de canard *fondant*

Couper du canard
Foutre de la purée

Pour 1 personne
Préparation : 15 minutes
Cuisson : 10-15 minutes

1 portion de confit de canard sous vide
½ sachet de purée de pommes de terre en flocons (sachet prévu pour 4 personnes)
50 g de gruyère râpé
Poivre

1 *Préparez la purée de pommes de terre en suivant les indications du sachet (soit au four à micro-ondes, soit dans une petite casserole sur le feu). Désossez la portion de confit et récupérez toute la viande en éliminant la graisse. L'opération est très facile si vous plongez la poche dans une casserole d'eau bouillante pendant quelques minutes.*

2 *Étalez cette viande de canard hachée dans un petit plat rond, recouvrez de purée, ajoutez le fromage râpé et poivrez. Passez le plat dans le four à micro-ondes pendant 3 minutes, ou bien sous le gril d'un four traditionnel pendant 5 minutes.*

Gratin de coquillettes aux tomates séchées

Couper des tomates séchées
Foutre au four avec des coquillettes

Pour 1 personne
Préparation : 20 minutes
Cuisson : 15 minutes environ

100 g de coquillettes crues
2 cuil. à soupe de tomates séchées à l'huile d'olive
2 cuil. à soupe de crème fleurette
2 cuil. à soupe de parmesan râpé
Sel et poivre

1 *Faites cuire les coquillettes dans une grande casserole d'eau bouillante salée, puis égouttez-les en veillant à évacuer toute l'eau. Mélangez-les aussitôt dans un plat creux avec 1 cuillerée à soupe de l'huile qui sert à conserver les tomates.*

2 *Coupez les tomates séchées en petits morceaux. Ajoutez-les aux pâtes. Versez la crème, poivrez et mélangez intimement. Parsemez de parmesan et faites gratiner dans le four pendant 5 minutes sous le gril.*

Bœuf à la bourguignonne

Couper du bœuf
Foutre du vin rouge

Pour 4 personnes
Préparation : 1 heure
Marinade : 12 heures
Cuisson : 2 h 50

1,500 kg d'aiguillette de bœuf
120 g de lard fumé
18 petits oignons
2 gros oignons
5 carottes
3 gousses d'ail
12 petits champignons de Paris
1 cuil. à soupe de farine
1 bouteille de bourgogne rouge + 1 verre
1 petit verre de cognac
40 g de beurre
2 cuil. à soupe d'huile
1 bouquet garni (persil, laurier, thym)
8 grains de poivre
Sel

1 *Pelez les gros oignons, nettoyez les carottes et coupez-les en rondelles. Coupez la viande en cubes. Mettez-la dans une terrine avec l'oignon et la carotte, le poivre, le bouquet garni et le verre de vin. Laissez mariner pendant 12 heures. Coupez le lard en dés. Pelez les petits oignons et l'ail. Nettoyez les champignons. Égouttez le bœuf et épongez-le. Filtrez la marinade et réservez les légumes. Faites bouillir le liquide pendant 5 minutes. Chauffez le beurre et l'huile dans une cocotte. Dorez les petits oignons et les lardons, puis retirez-les. À leur place, mettez la viande et dorez-la à feu vif. Ajoutez les légumes et l'ail. Salez, couvrez et laissez cuire à petit feu pendant 10 minutes.*

2 *Saupoudrez la farine et remuez, puis mouillez avec la marinade et le vin. Réduisez de moitié à feu vif, sans couvrir. Retirez la viande. Filtrez le liquide et remettez-le dans la cocotte avec la viande, les lardons et les champignons. Couvrez et mijotez pendant 2 h 15. Disposez la viande sur un plat et réservez au chaud. Faites bouillir la sauce de cuisson pendant 5 minutes, sans couvrir. Ajoutez le cognac, donnez 2 minutes de bouillon et versez sur la viande.*

Cheeseburger à la tomate

Couper un bun à burger
Foutre un steak avec du fromage

Pour 1 personne
Préparation : 10 minutes
Cuisson : 2-4 minutes

1 steak haché
4 rondelles de tomate
2 feuilles de salade
2 tranches de cheddar ou de fromage fondu
1 gros bun
1 cuil. à soupe de ketchup
1 cuil. à café de moutarde douce

1 *Saisissez le steak dans une poêle antiadhésive, sans ajouter de matière grasse, pendant 1 à 2 minutes de chaque côté. Ouvrez le bun en deux et déposez sur la partie du dessous 1 feuille de salade, 2 rondelles de tomate, puis le steak. Ajoutez la moutarde, puis les tranches de fromage.*

2 *Ajoutez le ketchup, les 2 autres rondelles de tomate et enfin la seconde feuille de salade. Posez le couvercle du bun par-dessus et dégustez aussitôt.*

Saumon à l'oseille

Couper du saumon
Foutre de l'oseille

Pour 4 personnes
Préparation : 10 minutes
Cuisson : 20 minutes

4 darnes de saumon de 140 g environ chacune
1 kg d'oseille
50 cl de crème fraîche
60 g de beurre
Sel et poivre

1 *Équeutez et lavez l'oseille. Retirez les nervures centrales. Émincez les feuilles en lanières. Mettez-les à feu moyen dans une casserole avec 30 g de beurre et un peu de sel. Laissez cuire sans couvrir une dizaine de minutes. Ajoutez la crème fraîche, mélangez et réservez au chaud.*

2 *Chauffez le reste de beurre dans une poêle. Cuisez les darnes de saumon 3 minutes de chaque côté. Salez et poivrez. Servez avec l'oseille à la crème.*

Lasagnes végétariennes

Couper des légumes
Foutre de la pâte dessous, dessus et au milieu

Pour 4 personnes
Préparation : 25 minutes
Cuisson : 45 minutes

500 g de feuilles de lasagne
2 artichauts violets
1 poireau
2 petites courgettes
150 g de petits pois (frais ou surgelés)
1 boule de mozzarella
6 cuil. à soupe de parmesan râpé
3 cuil. à soupe d'huile d'olive vierge extra
Sauce Béchamel toute prête
Sel et poivre

1 *Coupez les feuilles de lasagne selon la longueur de votre plat à four. Faites cuire les pâtes dans une grande quantité d'eau bouillante salée pendant 6 minutes, égouttez-les et laissez-les sécher sur un torchon de cuisine propre. Lavez les légumes. Effeuillez les artichauts pour ne conserver que les cœurs. Coupez en fines lamelles le poireau, les cœurs d'artichaut et les courgettes. Chauffez l'huile dans une poêle et faites cuire les légumes à feu moyen pendant 15 minutes avec du sel et du poivre.*

2 *Préchauffez le four à 210 °C (th. 7). Versez dans un plat une fine couche de béchamel, couvrez d'une couche de pâte cuite, répartissez la moitié des légumes, puis un tiers de la béchamel, un tiers de la mozzarella coupée en fines tranches et 2 cuillerées à soupe de parmesan. Répétez l'opération, puis recouvrez avec le reste de la pâte, une dernière couche de béchamel, de mozzarella et de parmesan. Passez au four pendant 30 minutes. Servez chaud.*

Porc au nuoc-mâm

Couper du porc
Foutre de la sauce nuoc-mâm

Pour 2 personnes
Préparation : 25 minutes
Cuisson : 13 minutes

200 g de filet de porc
100 g de pousses d'épinards en sachet
1 oignon blanc
1 gousse d'ail
10 cl de bouillon de volaille (préparé avec un cube)
1 cuil. à café de sucre roux en poudre
3 cuil. à café de nuoc-mâm
1 cuil. à soupe de sauce soja claire
2 cuil. à café d'huile d'arachide
Poivre

1 *Découpez la viande en tranches fines. Pelez et hachez finement l'oignon et la gousse d'ail. Chauffez l'huile dans une grande poêle à rebord haut. Ajoutez l'ail et l'oignon. Faites revenir en remuant, puis ajoutez le sucre et mélangez. Mettez les lamelles de viande dans la poêle et poivrez. Faites-les rissoler en les retournant plusieurs fois pendant 5 minutes.*

2 *Ajoutez la sauce soja et le bouillon. Faites bouillir, puis baissez le feu et couvrez. Mijotez pendant 8 minutes. Ajoutez le nuoc-mâm et les pousses d'épinards. Mélangez à nouveau et répartissez dans des assiettes creuses.*

Brochettes de poulet au chorizo

Couper du poulet et du chorizo
Foutre sur des piques

Pour 2 personnes
Préparation : 10 minutes
Cuisson : 15 minutes

2 blancs de poulet assez charnus
12 rondelles de chorizo
12 tomates cerises
Sel et poivre

1 *Découpez les blancs de poulet en cubes réguliers. Salez et poivrez-les. Lavez et essuyez les tomates cerises. Retirez la peau des rondelles de chorizo.*

2 *Préparez les brochettes en intercalant les bouchées de poulet, les rondelles de chorizo et les tomates cerises. Faites chauffer une grande poêle sur feu moyen. N'ajoutez pas de matière grasse et posez les brochettes dans la poêle. Laissez-les cuire pendant une bonne quinzaine de minutes en les retournant plusieurs fois : le poulet doit être bien doré et le chorizo presque translucide.*

Tomates farcies savoureuses

Couper des tomates en deux
Foutre de la farce à l'intérieur

Pour 2 personnes
Préparation : 5 minutes
Cuisson : 30 minutes

4 tomates rondes assez grosses et bien charnues
1 oignon
½ verre de riz
100 g de petits champignons de couche en boîte au naturel
4 cuil. à soupe de persil plat haché
2 cuil. à soupe d'huile d'olive
Sel et poivre

1 *Faites cuire le riz dans 1 grand verre d'eau salée pendant 8 à 10 minutes, puis égouttez-le dans un saladier. Ajoutez l'oignon pelé et haché, les champignons égouttés et coupés en petits morceaux, le persil, du sel et du poivre. Lavez et essuyez les tomates, coupez le dessus à l'horizontale du côté du pédoncule et gardez les chapeaux. Évidez les tomates avec une petite cuillère sans percer la peau et gardez cette pulpe.*

2 *Remplissez les tomates de farce au riz et remettez le chapeau en place. Étalez dans un plat allant au four la chair des tomates évidées. Disposez les tomates farcies dessus et arrosez le tout d'huile d'olive. Faites cuire dans le four à 200 °C (th. 6-7) pendant une bonne vingtaine de minutes. Servez chaud avec du pain bien croustillant et une salade verte.*

Moussaka traditionnelle

Couper des aubergines et de la viande hachée
Foutre au four

Pour 6 personnes
Préparation : 15 minutes
Cuisson : 1 heure

6 steaks hachés
3 aubergines minces et longues
4 tomates
2 oignons
200 g de feta
5 cuil. à soupe d'huile d'olive
Sel et poivre

1 *Pelez et hachez les oignons. Lavez et essuyez les tomates et les aubergines, coupez-les en rondelles régulières. Égouttez la feta et coupez-la en petits dés. Préchauffez le four à 160 °C (th. 5-6). Faites chauffer 2 cuillerées à soupe d'huile dans une grande poêle, ajoutez les steaks hachés et faites-les revenir 10 minutes environ, en les émiettant avec une spatule. Versez le tout dans un saladier, salez et poivrez. Versez encore 2 cuillerées à soupe d'huile d'olive dans la poêle, ajoutez les oignons et les aubergines, salez et poivrez. Faites revenir pendant 10 minutes en remuant.*

2 *Huilez un grand plat à gratin et rangez dans le fond une couche de tomates, salez et poivrez. Remplissez le plat en alternant la viande hachée, le mélange d'aubergines à l'oignon et les tomates. Terminez par des tomates, puis ajoutez le fromage en petits cubes. Faites cuire dans le four pendant 40 minutes environ et servez chaud dans le plat de cuisson.*

Riz cantonais

Couper du porc
Foutre du riz et des petits pois

Pour 6 personnes
Préparation : 10 minutes
Cuisson : 40 minutes

300 g de riz thaï
3 tranches de filet de porc cuit
2 blancs de volaille
300 g de queues de crevettes roses cuites et décortiquées
3 carottes
3 oignons
200 g de petits pois en boîte
200 g de petits champignons en boîte au naturel
3 cuil. à soupe d'huile d'arachide
Sel et poivre

1 *Faites cuire le riz pendant 15 minutes à l'eau bouillante salée. Pendant ce temps, coupez les tranches de filet de porc en petits dés. Faites cuire les blancs de volaille dans une poêle avec un peu d'huile en les retournant plusieurs fois pendant 10 minutes. Égouttez-les et coupez-les en petits dés. Égouttez le riz. Égouttez les champignons et les petits pois (réservez quelques cuillerées du jus des petits pois). Pelez et émincez finement les carottes et les oignons. Faites-les revenir pendant 10 minutes avec le reste d'huile. Égouttez-les.*

2 *Réunissez dans une cocotte le riz cuit émietté, les légumes, les viandes et les crevettes. Salez et poivrez. Mélangez délicatement, ajoutez le jus des petits pois et faites chauffer doucement pendant 5 minutes. Salez légèrement et poivrez avant de servir.*

Poulet à l'ail et au citron

Couper de l'ail et du citron
Foutre du poulet

Pour 6 personnes
Préparation : 10 minutes
Cuisson : 5 minutes

6 blancs de poulet assez charnus
1 gros citron
3 gousses d'ail
1 échalote
Quelques brins de persil ou de menthe fraîche
1 cuil. à café de paprika
2 cuil. à soupe d'huile d'olive
Sel et poivre

1 *Pelez les gousses d'ail et l'échalote. Hachez-les grossièrement. Coupez les blancs de poulet en languettes. Faites chauffer l'huile dans une grande poêle. Ajoutez l'ail et l'échalote, mélangez et faites revenir en remuant avec une cuillère en bois pendant 1 minute.*

2 *Ajoutez les languettes de poulet, salez et poivrez. Mélangez, saupoudrez de paprika et faites rissoler sur feu vif pendant 4 minutes. Arrosez de jus de citron et ajoutez les feuilles de persil ou de menthe ciselées.*

Aiguillettes de canard aux pommes

Couper un canard
Foutre des pommes

Pour 6 personnes
Préparation : 20 minutes
Cuisson : 20 minutes environ

1 kg d'aiguillettes de canard
6 pommes
1 citron
30 g de beurre
1 cuil. à café de thym séché
2 cuil. à soupe d'huile de maïs
2 cuil. à soupe de vinaigre
Sel et poivre

1 *Séparez les aiguillettes les unes des autres, rincez-les rapidement et épongez-les dans un torchon. Mettez-les ensuite dans une grande assiette, salez et poivrez. Pelez les pommes et coupez-les en quartiers. Retirez le cœur et les pépins, retaillez les quartiers en deux dans la hauteur et citronnez-les.*

2 *Faites chauffer le beurre dans une sauteuse, ajoutez les pommes et faites-les cuire en les remuant de temps en temps jusqu'à ce qu'elles commencent à colorer. Pendant ce temps, faites chauffer l'huile dans une grande poêle, posez les aiguillettes de canard dedans et saisissez-les pendant 7 à 8 minutes en les retournant plusieurs fois. Arrosez-les de vinaigre à mi-cuisson et saupoudrez-les de thym. Répartissez les pommes sur les assiettes, ajoutez les aiguillettes de canard et arrosez avec le jus qui reste aussi bien dans la sauteuse que dans la poêle.*

Tagliatelles au saumon fumé

Couper du saumon fumé
Foutre sur des tagliatelles

Pour 4 personnes
Préparation : 5 minutes
Cuisson : 10 minutes

500 g de tagliatelles fraîches
300 g de saumon fumé en miettes
1 cuil. à soupe d'échalote hachée surgelée
4 cuil. à soupe de ciboulette ou d'aneth ciselé
25 g de beurre
40 cl de crème fleurette
Sel et poivre

1 *Faites bouillir une grande quantité d'eau dans un faitout. Plongez les tagliatelles dedans lorsqu'elle est en pleine ébullition, salez, puis baissez le feu et laissez-les cuire pendant 5 à 8 minutes (le temps de cuisson est indiqué sur le paquet ; plus elles sont fraîches, plus elles cuisent vite, mais attention à l'eau de cuisson qui a tendance à déborder ; prévoyez un récipient de grande taille).*

2 *Pendant ce temps, faites fondre le beurre dans une grande sauteuse et ajoutez l'échalote hachée surgelée. Lorsque les pâtes sont cuites, égouttez-les bien et versez-les dans la sauteuse. Ajoutez aussitôt la crème, les miettes de saumon et la ciboulette ou l'aneth. Poivrez largement mais salez très légèrement après avoir goûté. Mélangez intimement et servez aussitôt.*

Risotto à la milanaise

Couper des oignons
Foutre du vin blanc et du riz

Pour 4 personnes
Préparation : 10 minutes
Cuisson : 35 minutes

2 tasses de riz
3 cuil. à soupe de beurre
3 oignons
¼ tasse de vin blanc sec
3 pointes de couteau de safran
4 ½ tasses de consommé de volaille (pouvant être préparé avec un cube de concentré)
2 cuil. à soupe de persil haché
½ tasse de parmesan râpé
1 cuil. à café de sel

1 *Pelez les oignons et hachez-les finement. Faites fondre 2 cuillerées à soupe de beurre dans une cocotte, déposez-y les oignons, faites cuire à feu doux jusqu'à ce que les oignons soient très légèrement dorés. Mettez alors le riz jusqu'à ce qu'il jaunisse également sans cesser de tourner. Ajoutez le vin, le safran, le sel. Faites cuire jusqu'à absorption du vin.*

2 *Ajoutez alors le consommé, tasse par tasse, et laissez cuire jusqu'à ce que le riz soit à point, c'est-à-dire encore ferme (25 à 30 minutes au maximum). Ajoutez le reste du beurre, mélangez puis versez le persil et le fromage. Retirez du feu ; laissez reposer dans la casserole couverte pendant 5 minutes avant de servir.*

Quiche lorraine d'antan

Couper des lardons
Foutre sur de la pâte brisée

Pour 6 personnes
Préparation : 20 minutes
Cuisson : 40 minutes

125 g de lard fumé
4 œufs
1 pot de crème fraîche (100 g)
1 pâte brisée pur beurre
Quelques raclures de muscade
Sel et poivre

1 *Coupez le lard fumé en petits lardons, disposez-les sur le fond de tarte.*

2 *Battez les œufs dans une jatte, incorporez la crème fraîche sans cesser de battre, salez légèrement à cause du lard, poivrez, raclez la muscade. Versez cette préparation sur les lardons. Portez la quiche à four moyen pour 40 minutes environ. La crème doit être prise, légèrement dorée. Servez chaud ou tiède.*

Brandade de morue

Couper de la morue
Foutre de l'huile d'olive

Pour 6 personnes
Préparation : 20 minutes
Dessalage : 24 heures
Cuisson : 15 minutes environ

1 kg de morue (2 boîtes de filets)
6 à 7 dl d'huile d'olive
2,5 dl de lait
Le jus de 1 citron
1 pointe de noix muscade et d'ail râpés
Poivre blanc

1 *Coupez la morue en morceaux réguliers. Faites-la dessaler 24 heures en renouvelant l'eau plusieurs fois. Le lendemain, mettez les morceaux de morue dans une casserole, couvrez d'eau froide et portez sur le feu. Retirez dès les premiers bouillons et égouttez. Enlevez soigneusement toutes les arêtes de la morue. Effeuillez-la.*

2 *Préparez la quantité d'huile et de lait nécessaire dans 2 casseroles et maintenez-les au chaud. Mettez les émincés de morue dans une autre casserole avec 1 dl d'huile tiède. Travaillez fortement avec une cuillère en bois, sur feu très doux (ou mieux au bain-marie). L'huile sera absorbée et les morceaux de morue bien écrasés ; ajoutez sans cesser de travailler à la cuillère en bois, et petit à petit, le reste d'huile en alternance avec le lait. Lorsque le mélange est bien crémeux, qu'on ne distingue plus aucun morceau, assaisonnez avec le jus de citron, la muscade et l'ail râpés ainsi que le poivre moulu.*

Poulet à la basquaise

Couper du poulet
Foutre des poivrons

Pour 4 personnes
Préparation : 15 minutes
Cuisson : 1 heure

1 poulet de 1,2 kg
100 g de beurre
1 kg de tomates
100 g d'oignons
250 g de poivrons
2 gousses d'ail
Persil
Sel et poivre

1 *Plongez les tomates dans de l'eau bouillante. Épluchez-les et coupez-les en huit. Épépinez les poivrons ; hachez-les grossièrement ainsi que les oignons. Dans une cocotte où chauffent 50 g de beurre, faites revenir légèrement les oignons hachés. Ajoutez-y les tomates épluchées, les poivrons, l'ail écrasé, du sel et du poivre. Couvrez et laissez mijoter 25 minutes.*

2 *Découpez le poulet cru en six. Faites dorer dans la cocotte avec 50 g de beurre. Salez, poivrez. Couvrez et laissez cuire doucement 35 minutes. Versez les légumes dans le fond d'un plat creux. Disposez les morceaux de poulet dessus. Saupoudrez de persil.*

Sauté de veau Marengo

Couper du veau
Foutre des champignons

Pour 6 personnes
Préparation : 10 minutes
Cuisson : 2 heures

1,5 kg de veau (épaule, carré, poitrine, flanchet…)
2 cuil. à soupe d'huile
50 g de beurre
2 oignons
2 échalotes
200 g de champignons
2 cuil. à soupe de farine
2 cuil. à soupe de concentré de tomate
1 verre de vin blanc
Quelques brins de persil
1 bouquet garni
Sel et poivre

1 *Coupez le veau en morceaux. Hachez finement le persil, les échalotes pelées et 1 oignon pelé, tout ensemble. Émincez le deuxième oignon. Chauffez dans une grande cocotte l'huile et le beurre. Faites-y revenir les morceaux de veau avec l'oignon émincé ; laissez à peine colorer. Saupoudrez très vite du hachis de persil, d'échalote et d'oignon. Ajoutez la farine en pluie, et remuez sur feu doux à la cuillère en bois jusqu'à ce que la farine blondisse.*

2 *Versez ensuite le vin blanc. Salez et poivrez, ajoutez le bouquet garni et laissez cuire tout doucement, à couvert, pendant 1 h 30 (en retournant les morceaux une fois ou deux). Au bout de ce temps, ajoutez la sauce tomate (concentré délayé dans 3 cuillerées à soupe d'eau) et les champignons épluchés et coupés en morceaux. Laissez encore mijoter 30 minutes. Servez bien chaud dans un plat creux après avoir retiré le bouquet garni.*

Fondue savoyarde

Couper du fromage
Foutre sur le feu

Pour 6 personnes
Préparation : 15 minutes
Cuisson : 10 minutes

300 g de comté
300 g de gruyère
300 g d'emmental
18 dl de vin blanc très sec
1 pincée de cayenne
1 pincée de paprika
1 pincée de poivre gris
1 cuil. à bouche de fécule
1 petit verre de kirsch
1 baguette de pain frais coupée en carrés de la taille d'une bouchée
1 gousse d'ail

1 *Frottez d'ail l'intérieur du caquelon. Coupez les fromages en lamelles. Mettez-les dans le caquelon. Ajoutez le vin, le cayenne, le paprika, le poivre gris.*

2 *Posez sur le gaz à feu doux et tournez sans arrêt avec une spatule en bois. Le fromage fond. Dès qu'il commence à bouillir, ajoutez la fécule délayée dans le kirsch. Tournez pendant 3 minutes et posez le caquelon sur le réchaud à alcool allumé. La fondue est prête à être dégustée. Chacun pique un morceau de pain au bout de sa fourchette et le plonge dans le caquelon pour l'en retirer enrobé de pâte onctueuse et parfumée.*

Gratin dauphinois

Couper des pommes de terre en rondelles
Foutre au four

Pour 4 personnes
Préparation : 15 minutes
Cuisson : 1 h 15 environ

1,5 kg de pommes de terre à chair jaune (de Hollande, par exemple)
½ l de crème fraîche
50 g de beurre
1 gousse d'ail
1 pointe de cannelle râpée
Sel et poivre

1 *Épluchez et lavez les pommes de terre. Essuyez-les soigneusement et coupez-les en minces rondelles. Mettez-les dans une terrine, assaisonnez-les de sel, de poivre et de cannelle râpée. Frottez l'intérieur d'un plat à gratin avec la gousse d'ail. Beurrez le plat. Disposez les pommes de terre en couches et versez la crème fraîche par-dessus de façon à recouvrir toutes les pommes de terre. Parsemez la surface du plat de noisettes de beurre.*

2 *Mettez à cuire à four moyen, plutôt doux (th. 5) pendant 1 h 15. Quelques minutes avant la fin de la cuisson, augmentez la puissance du four pour faire dorer le dessus. Servez aussitôt, le gratin n'aime pas attendre.*

Coq au vin

Couper un coq
Foutre du vin rouge

Pour 6 personnes
Préparation : 30 minutes
Cuisson : 2 h 10

1 coq de 2 kg environ
250 g de lard fumé
300 g de petits champignons de Paris
400 g de petits oignons
1 bouteille de vin rouge corsé (bourgogne de préférence)
½ verre de cognac
1 cuil. à soupe de farine
1 bouquet garni
80 g de beurre
Sel et poivre

1 *Découpez le lard en dés. Plongez-les 3 minutes dans de l'eau en ébullition, puis égouttez-les. Coupez le coq en morceaux. Nettoyez les champignons. Pelez les petits oignons. Faites fondre 50 g de beurre dans une cocotte. Faites sauter les petits oignons pendant une dizaine de minutes en les remuant, puis ajoutez les lardons et laissez rissoler pendant 5 minutes. Retirez le tout de la cocotte à l'aide d'une écumoire et réservez.*

2 *Dans une casserole, chauffez le vin rouge jusqu'à ébullition. Approchez une flamme de la surface et flambez. Dans la cocotte où ont cuit les oignons et les lardons, faites revenir les morceaux de coq à feu vif. Arrosez-les avec le cognac et flambez. Saupoudrez la farine. Remuez et mouillez avec le vin rouge. Ajoutez du sel, du poivre et le bouquet garni. Couvrez et laissez cuire pendant 1 h 45, à feu doux. Faites sauter les champignons à la poêle dans le reste du beurre. Salez un peu. Laissez cuire pendant 10 minutes, puis retirez du feu. Dans la cocotte, incorporez les lardons, les oignons et les champignons. Mijotez 10 minutes sans couvrir.*

Lapin à la moutarde

Couper un lapin
Foutre de la moutarde un peu partout

Pour 4 personnes
Préparation : 10 minutes
Cuisson : 45 minutes

1 lapin de 1,2 kg
1 oignon piqué de 2 clous de girofle
1 bouquet garni
4 cuil. à soupe de moutarde
8 cuil. à soupe de crème
2 jaunes d'œufs
Le jus de ½ citron
40 g de beurre
1 cuil. à soupe d'huile
Sel et poivre

1 *Faites chauffer l'huile et le beurre dans une cocotte. Mettez à dorer le lapin coupé en morceaux, à feu vif, avec l'oignon. Salez et poivrez légèrement. Ajoutez le bouquet garni, couvrez. Laissez cuire pendant 20 minutes à feu moyen. Pendant ce temps, dans un gros bol, mélangez la moutarde, la crème, les jaunes d'œufs et le jus de citron.*

2 *Retirez le lapin de la cocotte. Jetez la graisse de cuisson, le bouquet garni et l'oignon. Remettez les morceaux. Versez la préparation à base de moutarde. Mélangez soigneusement. Couvrez et faites mijoter à feu très doux pendant 20 minutes. Remuez plusieurs fois en cours de cuisson. Disposez le lapin avec la sauce dans un plat chaud et servez aussitôt.*

Tartiflette savoyarde

Couper des pommes de terre
Foutre des lardons et du reblochon

Pour 1 personne
Préparation : 10 minutes
Cuisson : 27 minutes

2 grosses pommes de terre
50 g de lardons
½ reblochon
Huile de maïs
Sel et poivre

1 *Faites cuire les pommes de terre à l'eau bouillante salée pendant une vingtaine de minutes. Égouttez-les et laissez-les tiédir, puis pelez-les et coupez-les en rondelles épaisses. Retirez la croûte du reblochon et coupez-le ensuite en gros dés.*

2 *Faites chauffer une poêle avec un filet d'huile de maïs. Ajoutez les lardons et faites-les revenir doucement pendant 2 minutes, ajoutez les pommes de terre et mélangez. Faites revenir en remuant pendant 5 minutes. Salez très légèrement et poivrez. Déposez les dés de reblochon sur les pommes de terre, réglez sur feu doux, couvrez et laissez fondre le fromage à moitié. Poivrez à nouveau et servez sur une grande assiette.*

Ratatouille de ma grand-mère

Couper des légumes Foutre à feu doux

Pour 4 personnes
Préparation : 30 minutes
Cuisson : 1 h 45

2 aubergines
3 courgettes
4 grosses tomates mûres
1 poivron vert
1 poivron rouge
2 oignons
2 gousses d'ail
10 feuilles de basilic
1 branche de thym
10 cl d'huile d'olive
Sel et poivre

1 *Lavez les aubergines, les courgettes et les poivrons, puis coupez-les en cubes en séparant chaque variété. Plongez les tomates dans de l'eau bouillante après les avoir incisées en croix, passez-les sous l'eau froide et pelez-les, coupez-les en morceaux et réservez. Épluchez les gousses d'ail et les oignons, puis coupez-les en fines lamelles, ciselez les feuilles de basilic.*

2 *Dans une grande poêle, versez un peu d'huile d'olive et faites revenir les dés d'aubergines pendant 10 minutes, puis mettez-les dans une cocotte. Faites-en autant, séparément, avec la courgette, le poivron et les lamelles d'oignons. Une fois tous les légumes dans la cocotte, ajoutez les tomates concassées, l'ail, le basilic et le thym. Salez, poivrez et laissez cuire à feu doux pendant 1 heure. Surveillez la cuisson en mélangeant. Si la préparation attache, ajoutez éventuellement un fond de verre d'eau. La ratatouille peut également cuire pendant 1 h 30 au four à 160 °C (th. 5).*

Rôti de porc à la moutarde

Couper du porc Foutre de la moutarde

Pour 6 personnes
Préparation : 15 minutes
Cuisson : 1 h 45

1,5 kg de rôti de porc, dans l'échine ou le filet
4 carottes
2 oignons
1 bouquet garni
50 cl de cidre
3 cuil. à soupe de moutarde forte
10 cl de crème fraîche
40 g de beurre
Sel et poivre

1 *Nettoyez les carottes et coupez-les en rondelles. Pelez et émincez les oignons. Faites fondre le beurre dans une cocotte. Mettez le rôti à revenir sur toutes ses faces. Salez et poivrez. Ajoutez les légumes, le bouquet garni et le cidre. Couvrez et laissez cuire à petit feu pendant 1 h 30.*

2 *Retirez le rôti de la cocotte. Tenez-le au chaud sur un plat. Passez au mixeur le jus de cuisson et les légumes. Faites réduire à feu vif, puis ajoutez la moutarde et la crème fraîche. Mélangez bien et chauffez pendant 1 minute. Servez cette sauce avec le rôti.*

Tajine d'agneau

Couper de l'agneau Foutre des épices

Pour 6 personnes
Préparation : 25 minutes
Cuisson : 1 h 40

1 épaule d'agneau désossée
250 g d'oignons
4 gousses d'ail
6 tomates
6 pommes de terre
1 cuil. à café de cannelle
1 cuil. à café de cumin
250 g de fèves fraîches
4 artichauts
8 cuil. à soupe d'huile d'olive
Sel

1 *Coupez l'épaule d'agneau en morceaux. Pelez et hachez les oignons, l'ail et les tomates. Pelez les pommes de terre et coupez-les en rondelles. Faites chauffer l'huile dans un plat à tajine. Mettez à revenir les morceaux d'agneau avec les oignons, les pommes de terre, les tomates, l'ail, les épices et le sel. Mouillez avec 25 cl d'eau. Couvrez. Laissez mijoter pendant 1 heure.*

2 *Pendant ce temps, épluchez les fèves. Effeuillez les artichauts pour ne conserver que les cœurs. Coupez-les en deux. Après 1 heure de cuisson de la viande et des légumes, ajoutez les fèves et les cœurs d'artichaut. Laissez cuire encore pendant 40 minutes. Servez très chaud.*

Trifle estival fraise-nectarine

Couper des fruits Foutre de la faisselle

Pour 4 personnes
Préparation : 10 minutes
Réfrigération : 1 heure

150 g de fraises + 6 pour la décoration
3 nectarines jaunes
4 faisselles de chèvre frais
1 cuil. à soupe de menthe ciselée
30 g de pignons de pin
2 cuil. à soupe de sirop de thé vert à la menthe (Maison Meneau®)

1 *Égouttez les faisselles. Pelez les nectarines, puis coupez-les en tout petits dés. Lavez, équeutez et coupez en petits dés 150 g de fraises. Mélangez les fruits ensemble et arrosez-les de sirop de thé vert à la menthe réalisé avec 10 cl d'eau et 1 cuillerée à soupe de sirop. (Vous pouvez également préparer un thé vert à la menthe sucré : 1 cuillerée à café de sucre de canne et 10 cl de thé.) Réservez 1 heure minimum au frais.*

2 *Mixez les pignons avec les 6 fraises restantes et le reste de sirop. Répartissez le mélange de fruits égouttés dans le fond de 4 verres. Mélangez les faisselles égouttées avec un peu de jus de macération des fruits et versez dans les verres en deuxième couche. Terminez avec une couche du mélange pignons-fraises et parsemez de menthe ciselée.*

Croques express
ananas et pain d'épice

Couper de l'ananas
Foutre entre des tranches de pain d'épice

Pour 4 personnes
Préparation : 10 minutes
Cuisson : 5 minutes

1 petit ananas Victoria
8 tranches fines de pain d'épice
2 cuil. à soupe de miel
Huile végétale

1 Coupez 8 tranches fines d'ananas en veillant à retirer la partie fibreuse et à récupérer le jus. Faites légèrement toaster les tranches de pain d'épice au grille-pain. Faites chauffer une poêle antiadhésive et huilez-la au pinceau. Déposez les tranches d'ananas et versez le miel en filet dessus. Retournez-les et versez le jus réservé pour décoller les tranches d'ananas.

2 Dans 4 assiettes, déposez une tranche de pain d'épice surmontée d'une tranche d'ananas et d'une deuxième tranche de pain d'épice.

Gaufres au cacao

Couper un œuf
Foutre dans un mélange farine, lait et cacao

Pour 4 gaufres
Préparation : 10 minutes
Réfrigération : 2 heures
Cuisson : 5 minutes

100 g de farine T 65
125 ml de lait demi-écrémé
1 œuf
25 g de sucre en poudre
1 cuil. à café de cacao maigre non sucré
Sel

1 *Séparez le blanc du jaune d'œuf. Mélangez le sucre avec le jaune, puis ajoutez le cacao et la farine progressivement. Délayez avec le lait. Réservez 2 heures au réfrigérateur. Battez le blanc d'œuf en neige avec une pincée de sel. Incorporez-le délicatement à la pâte.*

2 *Faites chauffer un gaufrier, versez-y la préparation et laissez cuire les gaufres 3 à 4 minutes. Laissez tiédir avant de disposer dans une boîte hermétique.*

Muffins framboise-pistache

Couper des pistaches et des framboises
Foutre dans des œufs, du sucre et de la farine

Pour 6 muffins
Préparation : 15 minutes
Cuisson : 20 minutes

100 g de framboises
40 g de pistaches non salées décortiquées
2 œufs
60 g de sucre blond de canne non raffiné
70 g de farine de blé complet T 80
70 g de farine T 65
2 cuil. à soupe d'huile d'olive vierge
½ sachet de levure
1 pincée de sel gris

1 *Préchauffez le four à 200 °C (th. 6-7). Dans un bol, mélangez les farines avec la levure et le sel. Dans un saladier, battez les œufs avec le sucre et l'huile, puis incorporez par petites quantités le contenu du bol en tamisant délicatement. Mixez les deux tiers des pistaches et ajoutez-les à la préparation avec les framboises coupées en deux.*

2 *Remplissez une plaque souple en silicone pour muffins aux deux tiers avec la pâte. Parsemez du reste de pistaches non mixées et faites cuire au four 15 à 20 minutes. Attendez 5 minutes avant de démouler. Servez tiède ou froid.*

Biscuits sablés épicés

Couper des épices
Foutre dans de la farine

Pour 30 biscuits
Préparation : 10 minutes
Cuisson : 15 minutes

200 g de farine de riz complet + un peu pour le plan de travail
40 g de purée de noisettes
60 g de sucre complet (rapadura)
1 cuil. à café de quatre-épices
3 cuil. à soupe d'huile d'olive + un peu pour la plaque
1 cuil. à café de levure
1 pincée de sel

1 *Préchauffez le four à 180 °C (th. 6). Dans un saladier, mélangez la farine et la levure, le sel, le quatre-épices et le sucre complet. Incorporez la purée de noisettes et l'huile. Mélangez à la cuillère, puis pétrissez à la main en versant 2 cuillerées à soupe d'eau jusqu'à la formation d'une boule.*

2 *Sur un plan de travail fariné, étalez la pâte au rouleau et découpez des biscuits à l'emporte-pièce. Disposez-les sur une plaque huilée et faites cuire au four 15 minutes.*

Fondant à la rhubarbe

Couper de la rhubarbe
Foutre des œufs et de la farine

Pour 6 personnes
Préparation : 15 minutes
Cuisson : 40 minutes

500 g de rhubarbe
2 œufs
10 g de margarine
60 g d'amandes en poudre
30 g d'amandes effilées
40 g de farine de riz complet
60 g de sucre complet (rapadura)

1 *Préchauffez le four à 180 °C (th. 6). Coupez la rhubarbe en morceaux et mettez-les dans une casserole, mouillez avec un peu d'eau et ajoutez le sucre. Couvrez et faites cuire 10 minutes à feu doux jusqu'à l'obtention d'une compote. Ôtez du feu et versez dans un saladier. Ajoutez les amandes.*

2 *Dans un saladier, fouettez les œufs et la farine, puis ajoutez-les à la préparation. Versez le tout dans un moule à gratin préalablement graissé. Faites cuire au four 30 minutes environ. Servez tiède.*

Milk-shake coco-ananas

Couper de l'ananas
Foutre dans un blender avec du lait et de la noix de coco

Pour 4 personnes
Préparation : 10 minutes

4 boules de sorbet à la noix de coco
1 ananas Victoria frais
20 cl de lait demi-écrémé très froid
2 cuil. à café de noix de coco râpée

1 *Coupez l'ananas en quatre, pelez chaque quartier et éliminez la tige fibreuse centrale. Coupez la chair en gros morceaux et mettez-les dans le bol d'un blender ou d'un mixeur. Ajoutez les boules de sorbet et le lait.*

2 *Mixez jusqu'à l'obtention d'une crème mousseuse. Répartissez dans 4 verres, saupoudrez de noix de coco râpée et dégustez aussitôt.*

Mousse au chocolat et noix de pécan

Couper des œufs et du chocolat
Foutre des noix de pécan

Pour 2 personnes
Préparation : 10 minutes
Cuisson : 10 minutes
Réfrigération : 3 heures

180 g de chocolat noir
50 g de beurre
3 œufs
2 cuil. à soupe de sucre en poudre
100 g de noix de pécan

1 *Cassez les œufs en séparant les blancs de jaunes. Mettez les blancs dans un bol et les jaunes dans un autre. Cassez le chocolat en petits morceaux dans un troisième bol que vous placerez dans une casserole à demi remplie d'eau placée sur feu moyen. L'eau doit juste frémir : laissez le chocolat fondre, puis, quand il est bien ramolli, ajoutez le beurre. Retirez du feu, laissez tiédir, puis ajoutez les jaunes d'œufs et mélangez bien.*

2 *Fouettez les blancs d'œufs en neige bien ferme en ajoutant le sucre à l'aide d'un fouet à main ou d'un fouet mécanique. Mélangez les préparations et répartissez le tout dans 2 grands verres. Couvrez et mettez-les dans le réfrigérateur pendant 3 heures. Au moment de servir, éparpillez sur le dessus les noix de pécan cassées en petits morceaux.*

Panna cotta à la fraise

Couper des fraises
Foutre sur une panna cotta

Pour 4 personnes
Préparation : 10 minutes
Cuisson : 5 minutes
Réfrigération : 2 heures

250 g de fraises
30 cl de lait demi-écrémé ou de lait d'amande
20 cl de crème fraîche à 15 % MG ou de crème de soja
4 cuil. à soupe de sirop d'agave
1 cuil. à café d'agar-agar en poudre
1 cuil. à café de vanille en poudre
Quelques gouttes d'extrait de vanille liquide

1 *Dans une casserole, versez le lait, la crème, la vanille en poudre, l'extrait de vanille et l'agar-agar. Mélangez et portez à ébullition, puis laissez bouillir 1 minute sans cesser de remuer. Retirez du feu, ajoutez 3 cuillerées à soupe de sirop d'agave, mélangez et répartissez la préparation dans 4 grands verres. Laissez refroidir et réservez 2 heures au réfrigérateur.*

2 *Lavez puis équeutez les fraises. Coupez-les en morceaux et mixez-les avec le reste de sirop d'agave. Réservez au frais. Au moment de servir, nappez chaque panna cotta d'un peu de coulis de fraises.*

Moelleux au chocolat

Couper du chocolat
Foutre au four 5 minutes

Pour 1 personne
Préparation : 5 minutes
Cuisson : 10 minutes

80 g de chocolat noir
20 g de beurre
1 cuil. à soupe de farine
1 œuf
1 cuil. à soupe de sucre

1 *Préchauffez le four à 240 °C (th. 8). Mettez le beurre et le chocolat cassé en petits morceaux dans un bol. Placez ce bol dans une casserole à demi remplie d'eau bouillante et remuez pour faire fondre, en évitant les éclaboussures.*

2 *Battez l'œuf avec le sucre dans un autre bol, ajoutez le chocolat fondu avec le beurre, puis incorporez la farine en mélangeant bien. Versez le tout dans un plat à œuf en verre et faites cuire dans le four pendant 5 minutes. Dégustez directement dans le plat.*

Pomme caramélisée au sirop d'érable

Couper une pomme
Foutre au four avec du sirop d'érable dessus

Pour 1 personne
Préparation : 10 minutes
Cuisson : 10 minutes

1 grosse pomme
1 cuil. à soupe de beurre
1 cuil. à soupe de crème fraîche
2 cuil. à soupe de sirop d'érable

1 *Pelez et évidez la pomme, puis coupez-la en tranches régulières. Beurrez un plat à œuf individuel.*

2 *Disposez les tranches de pomme dans le plat et nappez de sirop d'érable. Faites cuire dans le four à 200 °C (th. 6-7) pendant une dizaine de minutes. Garnissez de crème fraîche bien froide avant de déguster.*

Tiramisu

Couper des biscuits à la cuillère
Foutre du café, du cacao et du mascarpone

Pour 2 personnes
Préparation : 20 minutes
Réfrigération : 1 heure

10 biscuits à la cuillère
100 g de mascarpone
10 cl de crème fleurette
50 g de sucre en poudre
4 carrés de chocolat noir
2 cuil. à soupe de cacao en poudre non sucré
15 cl de café noir

1 Dans un petit saladier, mélangez en fouettant vivement le sucre en poudre, la crème et le mascarpone. Concassez les carrés de chocolat noir en petits morceaux. Versez le café dans une grande assiette creuse et trempez les biscuits dedans, un par un, après les avoir cassés en deux.

2 Remplissez 2 grands verres (genre chope) en alternant la crème et les biscuits imbibés, en commençant par la crème et en finissant par les biscuits. Répartissez les petits éclats de chocolat dessus et ajoutez une couche de poudre de cacao. Mettez les verres une fois remplis au moins 1 heure dans le réfrigérateur avant de déguster.

Smoothie green vitalité

Couper des fruits
Foutre dans un blender avec vitalité

Pour 4 à 6 petits verres
Préparation : 10 minutes

2 poires
2 kiwis
200 g de concombre
1 cuil. à soupe de persil ciselé frais ou surgelé

1 *Lavez, pelez et épépinez les poires. Disposez-les dans le bol d'un mixeur. Pelez les kiwis et ajoutez-les. Lavez et coupez le concombre en gros cubes avec la peau et les pépins, puis ajoutez-le dans le bol du blender.*

2 *Mixez jusqu'à l'obtention d'une consistance onctueuse. Répartissez dans des verres. Ciselez les feuilles de persil et parsemez-en chaque boisson.*

Mug cake

Couper du beurre, un œuf et de la farine
Foutre dans une tasse au micro-ondes

Pour 1 mug de taille moyenne (33 cl)
Préparation : 5 minutes
Cuisson : 30 secondes + 1 min 30
Repos : 5 minutes

1 œuf
30 g de beurre demi-sel
2 cuil. à soupe de lait
2 cuil. à soupe de farine
2 cuil. à soupe de sucre
¼ cuil. à café de levure

1 *Dans un mug, placez le beurre et mettez-le 20 à 30 secondes au four à micro-ondes pour le faire fondre. Ajoutez le sucre et battez le mélange à la fourchette. Versez ensuite la farine et la levure chimique en continuant à mélanger énergiquement. Ajoutez enfin le lait et l'œuf, et travaillez la pâte jusqu'à ce qu'elle soit homogène.*

2 *Placez le mug au four à micro-ondes, puissance 750-800 watts, pendant 1 min 30. Surveillez attentivement la cuisson. Si le cake commence à dépasser du mug de plus de 1 cm, interrompez la cuisson, puis reprenez-la quand il sera redescendu. Si la cuisson ne vous convient pas, faites recuire le mug par tranches de 15 à 30 secondes. Attendez 5 minutes après cuisson pour ne pas vous brûler.*

Brownies à l'américaine

Couper du chocolat
Foutre des noix

Pour 6 personnes
Préparation : 15 minutes
Cuisson : 20 minutes

100 g de chocolat
50 g de beurre
+ un peu pour le moule
75 g de farine
2 œufs
200 g de sucre
50 g de cerneaux de noix réduits en poudre
16 cerneaux de noix

1 *Préchauffez le four à 160 °C (th. 5-6). Cassez le chocolat en morceaux. Mettez-les dans une petite casserole avec 1 cuillerée à soupe d'eau et faites-les fondre à feu doux pour obtenir une pâte lisse. Retirez la casserole du feu. Incorporez le beurre. Remuez bien, puis versez en pluie la farine. Mélangez. Cassez les œufs dans une terrine. Ajoutez le sucre. Travaillez avec une cuillère en bois jusqu'à ce que le mélange blanchisse. Ajoutez la préparation au chocolat et mélangez. Enfin, incorporez les noix en poudre et mélangez à nouveau.*

2 *Beurrez un moule carré peu profond, de 20 cm de côté, et remplissez-le avec la préparation. Enfournez à 180 °C (th. 6) pendant 20 minutes environ. Démoulez encore chaud et laissez refroidir sur une grille, puis découpez les brownies en petits pavés carrés et décorez-les de 1 cerneau de noix.*

Cake léger pomme-cannelle

Couper des pommes
Foutre dans de la pâte avec de la cannelle

Pour 8 personnes
Préparation : 20 minutes
Cuisson : 50-55 minutes

2 pommes
3 œufs
100 g de sucre
100 g de farine complète
100 g de farine blanche
½ sachet de levure chimique
1 yaourt nature
6 cl d'huile
½ cuil. à café de cannelle
Sel

1 *Préchauffez le four à 180 °C (th. 6). Fouettez les œufs avec le sucre jusqu'à blanchiment. Dans un saladier, mélangez les farines avec la levure et une pincée de sel. Incorporez les œufs battus avec le sucre, le yaourt et l'huile.*

2 *Lavez et épluchez les pommes. Coupez-les en petits cubes, saupoudrez-les de la cannelle et faites-les cuire 3 minutes au four à micro-ondes. Incorporez les pommes à la cannelle à la pâte, puis versez la préparation dans un moule à cake antiadhésif. Enfournez pour 50 minutes environ. Servez tiède ou froid.*

Cookies au chocolat

Couper du chocolat en petits morceaux
Foutre dans de la farine et du beurre

Pour 50 cookies
Préparation : 35 minutes
Réfrigération : 1 heure
Cuisson : 10 minutes

2 œufs
150 g de sucre
200 g de cassonade
1 pincée de sel
1 cuil. à soupe de vanille liquide
200 g de beurre + un peu pour la plaque
300 g de farine
250 g de chocolat

1 *Dans une grande terrine, travaillez les œufs au fouet en ajoutant progressivement le sucre, la cassonade, le sel et la vanille : la pâte doit être mousseuse et onctueuse. Faites fondre doucement le beurre. Incorporez-le à la pâte. Ajoutez la farine petit à petit, en tournant. Coupez le chocolat en très petits morceaux. Mélangez-les à la pâte. Versez la préparation dans une boîte hermétique et placez dans le réfrigérateur pendant 1 heure.*

2 *Préchauffez le four à 210 °C (th. 7). Recouvrez la plaque du four de papier aluminium. Beurrez-le au pinceau. Avec une cuillère à café, prélevez des grosses noix de pâte, façonnez-les en boulettes, déposez-les sur la plaque en les espaçant bien, puis aplatissez-les à la main. Mettez la pâte restante au frais. Enfournez pendant 10 minutes environ, puis laissez refroidir les cookies sur une grille. Renouvelez l'opération, en changeant la feuille de papier aluminium, jusqu'à épuisement de la pâte.*

Flan café-chocolat

Couper des œufs
Foutre du lait, du café et du cacao

Pour 4 personnes
Préparation : 10 minutes
Cuisson : 25 minutes

50 cl de lait
4 œufs
1 cuil. à soupe de sucre
2 cuil. à soupe de cacao non sucré
2 cuil. à soupe de café soluble
1 cuil. à soupe de farine
3 cuil. à soupe de crème fleurette

1 *Préchauffez le four à 150 °C (th. 5). Faites chauffer le lait dans une casserole et retirez-le du feu avant qu'il ne se mette à bouillir. Battez les œufs avec le sucre dans une terrine. Incorporez le cacao, le café et la farine. Fouettez, puis ajoutez la crème et mélangez.*

2 *Versez le lait sur le mélange en fouettant, puis répartissez la crème dans des bols allant au four. Mettez-les dans un bain-marie et enfournez pour 25 minutes. Servez tiède ou froid.*

Cheesecake léger

Couper des petits-beurre en morceaux
Foutre du fromage blanc

Pour 8 personnes
Préparation : 20 minutes
Cuisson : 1 heure
Repos : 1 heure

500 g de fromage blanc en faisselle à 20 % de MG
100 g de petits-beurre au blé complet (soit 12 biscuits)
50 g de margarine « spécial cuisson »
20 g de noisettes en poudre
2 œufs, jaunes et blancs séparés
100 g de sucre
4 petits-suisses à 20 % de MG
Sel

1 *Préchauffez le four à 150 °C (th. 5). Laissez égoutter le fromage blanc en faisselle et videz l'eau de temps en temps. Mettez les biscuits dans un sac en plastique alimentaire, fermez-le hermétiquement et écrasez-les au rouleau à pâtisserie. Mettez-les dans une jatte. Faites fondre la margarine dans une casserole à feu doux, puis incorporez les biscuits écrasés. Ajoutez les noisettes en poudre. Tassez cette préparation au fond d'un moule à manqué de 20 à 22 cm de diamètre (à fond amovible).*

2 *Fouettez les jaunes d'œufs avec le sucre jusqu'à blanchiment, puis incorporez les petits-suisses, une pincée de sel et le fromage blanc égoutté. Fouettez les blancs en neige avec une pincée de sel, puis incorporez-les délicatement à la préparation précédente. Versez le mélange dans le moule, sur la couche de biscuits, et enfournez pour 1 heure. Entrouvrez la porte du four et laissez le cheesecake refroidir à l'intérieur au moins 1 heure. Réservez-le au réfrigérateur jusqu'au moment de servir, puis démoulez-le délicatement.*

Madeleines traditionnelles

Couper des œufs, de la farine, du beurre et du sucre
Foutre dans des moules à madeleines

Pour 18 pièces
Préparation : 15 minutes
Cuisson : 10 minutes

2 œufs
150 g de sucre
125 g de beurre + un peu pour le moule
150 g de farine
½ cuil. à café de levure
Le zeste râpé de 1 citron

1 *Préchauffez le four à 210 °C (th. 7). Travaillez les œufs et le sucre jusqu'à ce que le mélange soit mousseux.*

2 *Ajoutez le beurre fondu et la farine cuillerée par cuillerée. Incorporez la levure et le zeste de citron. Beurrez les divisions d'un moule à madeleines et remplissez-les de pâte. Mettez à cuire à four chaud pendant 10 minutes. Démoulez et laissez refroidir sur une grille.*

Petits congolais

Couper des blancs d'œufs
Foutre de la noix de coco râpée

Pour 4 personnes
Préparation : 10 minutes
Cuisson : 15 minutes

4 blancs d'œufs
300 g de sucre
300 g de noix de coco râpée
Beurre pour la plaque

1 *Préchauffez le four à 210 °C (th. 7). Mettez les blancs d'œufs dans un saladier. Ajoutez le sucre, la noix de coco râpée et battez le tout à la fourchette.*

2 *Beurrez la plaque du four et déposez dessus des petits tas de la préparation précédente. Enfournez pendant 15 minutes. Détachez délicatement les gâteaux de la plaque quand ils sont encore chauds. Servez froid.*

Tarte fine aux mirabelles

Couper des mirabelles
Foutre sur de la pâte à tarte

Pour 4 personnes
Préparation : 10 minutes
Cuisson : 20 minutes

250 g de pâte brisée ou feuilletée prête à l'emploi
25 g de beurre
400 g de mirabelles
2 cuil. à soupe de sucre roux
1 cuil. à soupe de cannelle

1 *Préchauffez le four à 180 °C (th. 6). Beurrez la plaque du four et posez dessus un rectangle de pâte brisée ou feuilletée de 21 x 27 cm. Piquez la pâte avec une fourchette.*

2 *Lavez et essuyez les mirabelles, coupez-les en deux et retirez le noyau. Rangez les moitiés de mirabelles côte à côte sur la pâte, face bombée dessus. Saupoudrez-les de sucre roux et de cannelle, puis enfournez pour 20 minutes. Laissez tiédir avant de servir.*

Pain perdu brioché

Couper du pain brioché
Foutre dans du lait sucré aux œufs

Pour 4 personnes
Préparation : 5 minutes
Cuisson : 15 minutes

50 cl de lait
120 g de sucre
1 sachet de sucre vanillé
Le zeste de 1 citron
3 œufs
8 tranches de pain brioché rassis
50 g de beurre

1 *Mettez le lait dans une casserole avec les deux tiers du sucre, le sucre vanillé et le zeste de citron. Faites chauffer jusqu'à ébullition. Pendant ce temps, battez les œufs en omelette dans une assiette creuse.*

2 *Mettez les tranches de pain dans un grand plat creux. Versez dessus le lait bouillant. Prenez ensuite délicatement chaque tranche de pain avec 2 fourchettes et passez-les des deux côtés dans les œufs battus. Faites fondre le beurre dans une poêle. Quand il commence à grésiller, mettez les tranches de pain à dorer 5 minutes de chaque côté. Rangez les tranches de pain sur un plat, saupoudrez-les avec le reste du sucre et dégustez aussitôt.*

Charlotte à l'ananas

Couper un ananas
Foutre des biscuits à la cuillère

Pour 6 personnes
Préparation : 20 minutes
Réfrigération : 12 heures

1 petit ananas de 500 g environ
½ verre de rhum
25 biscuits à la cuillère
350 g de confiture d'abricots
Quelques cerises confites (facultatif)

1 Coupez l'ananas en tranches en enlevant le cœur fibreux tout en recueillant le jus. Réservez 4 tranches pour la garniture et hachez le reste. Ajoutez le rhum au jus d'ananas. Trempez dedans les biscuits à la cuillère. Mettez un papier sulfurisé au fond d'un moule à charlotte et tapissez les bords et le fond de biscuits imbibés.

2 Remplissez le moule avec des couches successives de biscuits, confiture d'abricots, biscuits, ananas haché, etc. Terminez par des biscuits. Pressez soigneusement le tout avec une assiette et mettez dans le réfrigérateur pendant au moins 12 heures. Démoulez la charlotte. Mettez 1 tranche d'ananas sur le dessus et 6 demi-tranches sur le bord du plat de service. Décorez éventuellement avec quelques cerises confites.

Riz au lait à la mangue

Couper une mangue
Foutre du riz et du lait

Pour 4 personnes
Préparation : 5 minutes
Cuisson : 20 minutes
Réfrigération : 1 heure

1 mangue
20 cl de lait demi-écrémé
20 cl de lait de coco
30 g de sucre
100 g de riz rond
1 gousse de vanille
Noix de coco râpée

1 *Chauffez les laits avec le sucre et le riz dans une casserole, à feu doux. Fendez la gousse de vanille en deux, grattez les grains au couteau et ajoutez-les dans la casserole. Faites cuire pendant 20 minutes, en remuant régulièrement.*

2 *Versez le riz au lait dans 4 ramequins individuels. Laissez refroidir, puis mettez au réfrigérateur pendant 1 heure. Au moment de servir, lavez et pelez la mangue. Émincez sa chair en fines lamelles et répartissez-les sur les ramequins. Saupoudrez de noix de coco râpée.*

Crumble aux poires

Couper des poires
Foutre des galettes émiettées

Pour 1 personne
Préparation : 5 minutes
Cuisson : 5 minutes

2 petites poires
4 galettes bretonnes épaisses
10 g de beurre
1 sachet de sucre vanillé
1 cuil. à soupe d'amandes hachées

1 *Pelez les poires, coupez-les en quartiers, retirez le cœur et les pépins, puis recoupez les quartiers de poires en 2 ou 3 morceaux. Placez-les dans une assiette creuse avec le beurre en parcelles. Faites cuire dans le four à micro-ondes pendant 2 minutes à chaleur maximale. Éliminez le jus que les fruits ont rendu en excès, puis versez-les dans un bol.*

2 *Émiettez les galettes par-dessus en les mélangeant avec les amandes. Remettez le tout dans le four à micro-ondes pendant 2 minutes et demie. Sortez le bol, saupoudrez de sucre vanillé et attendez 1 minute avant de déguster.*

Tarte Tatin gourmande

Couper des pommes dans du sucre
Foutre une pâte à tarte dessus

Pour 6 personnes
Préparation : 25 minutes
Cuisson : 55 minutes

1 pâte brisée pur beurre
1,5 kg de pommes
125 g de beurre
125 g de sucre
1 sachet de sucre vanillé
½ cuil. à café de cannelle
1 citron
Farine pour la plan de travail

1 *Pelez les pommes. Coupez-les en quartiers dans le sens de la hauteur. Enlevez les cœurs et les pépins avec un petit couteau pointu. Préchauffez le four à 220 °C (th. 7-8). Dans un moule rond à bord lisse de 5 ou 6 cm de profondeur, mettez le beurre et le sucre. Posez le moule sur le feu (fort). Quand le sucre commence à blondir, retirez le moule du feu. Remplissez-le des quartiers de pommes « debout », bien serrés les uns contre les autres. Saupoudrez-les du sucre vanillé, de la cannelle et d'un peu de zeste du citron. Remettez le moule sur le feu doucement et laissez cuire les pommes pendant 30 minutes. Elles doivent être tendres et légèrement caramélisées.*

2 *Farinez le plan de travail et étalez au rouleau la pâte sur 0,5 cm d'épaisseur. Recouvrez les pommes refroidies d'une couche de pâte, en repliant les bords à l'intérieur du moule. Enfournez la tarte pendant 25 minutes. Servez la tarte Tatin tiède ou froide en retournant le moule de façon que les pommes se trouvent dessus.*

Quatre-quarts épices-banane

Couper des bananes
Foutre dans de la pâte épicée

Pour 4 personnes
Préparation : 15 minutes
Cuisson : 40-45 minutes

4 bananes
½ citron
280 g de beurre
250 g de farine + un peu pour le moule
200 g de sucre
2 sachets de sucre vanillé
½ cuil. à café de cannelle
1 cuil. à café de gingembre en poudre
4 gros œufs
3 cuil. à soupe de rhum

1 *Préchauffez le four à 210 °C (th. 7). Pelez les bananes, coupez-les en rondelles et citronnez-les légèrement. Faites fondre 250 g de beurre dans une casserole. Versez la farine dans une terrine, ajoutez le sucre, le sucre vanillé et les épices. Creusez un puits au milieu. Cassez les œufs en séparant les blancs des jaunes. Mettez dans le puits les jaunes, puis le rhum et le beurre fondu. Travaillez la pâte jusqu'à consistance lisse. Montez les blancs en neige et incorporez-les, puis ajoutez les bananes égouttées.*

2 *Versez la pâte dans un moule à cake beurré et fariné. Enfournez pour 10 minutes. Baissez le four à 180 °C (th. 6) et poursuivez la cuisson 30 à 35 minutes. Démoulez sur une grille et laissez refroidir le gâteau.*

Compote pomme-rhubarbe

Couper des pommes et de la rhubarbe
Foutre à compoter

Pour 4 personnes
Préparation : 10 minutes
Cuisson : 15 minutes

4 belles pommes reines des reinettes
250 g de rhubarbe
2 cuil. à soupe de sucre roux
1 cuil. à café de cannelle

1 Pelez les pommes, évidez-les et coupez-les en morceaux. Coupez également la rhubarbe en morceaux. Mettez le tout dans une sauteuse avec le sucre, la cannelle et 6 cuillerées à soupe d'eau.

2 Couvrez et faites cuire 15 minutes environ à feu doux. Ôtez le couvercle et laissez l'excédent d'eau s'évaporer si besoin. Mélangez les fruits sans les écraser. Laissez refroidir. Versez dans un saladier et réservez au réfrigérateur.

MAIS ENCORE...

Verrines à ce que vous voulez

IDÉE apéro ★★★

Couper ce que vous voulez
Foutre dans des verrines

Tartines
à l'emmental

IDÉE
apéro
★★★

Couper de l'emmental
Foutre sur des tartines

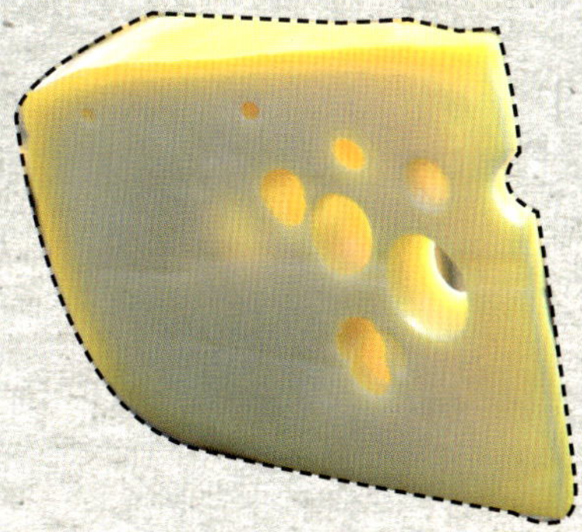

Assiette de radis

Couper *les bouts pas beaux d'un radis*
Foutre *ces bouts à la poubelle*

IDÉE apéro ★★★

Tomates *cerises*

Couper des tomates cerises
Foutre sur la table

IDÉE apéro ★★★

Assiette de crudités

Couper des carottes
Foutre dans une assiette

IDÉE apéro ★★★

Pamplemousse
au sucre

Couper *un pamplemousse*
Foutre *du sucre*

IDÉE
petite faim
★★★

Quiche *express*

IDÉE
petite faim
★★★

Couper *une part de quiche*
Foutre *au micro-ondes*

Tartine *simplissime*

Couper *du pain*
Foutre *du beurre dessus*

IDÉE
petite faim
★★★

Gâteau pour le goûter

Couper un bout de gâteau
Foutre dans sa bouche

IDÉE
petite faim
★★★

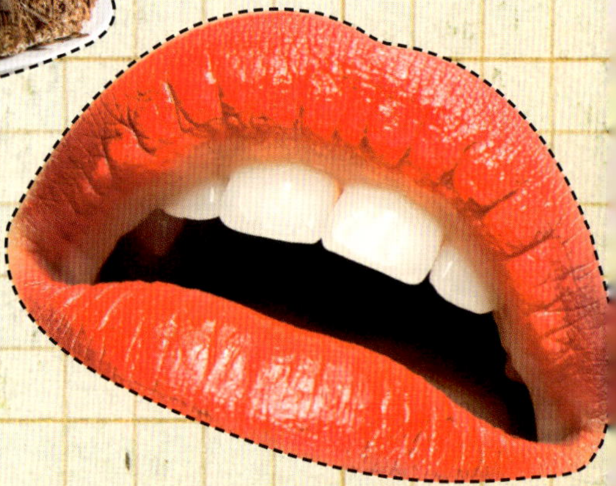

Mince *sur toute la ligne*

Couper *des légumes en petits carrés*
Foutre *à la poubelle*

IDÉE
régime
★★★

À *savourer*

Couper *un bout de plâtre*
Foutre *sur sa langue*
pour le faire fondre doucement

IDÉE
coupe-faim
★★★

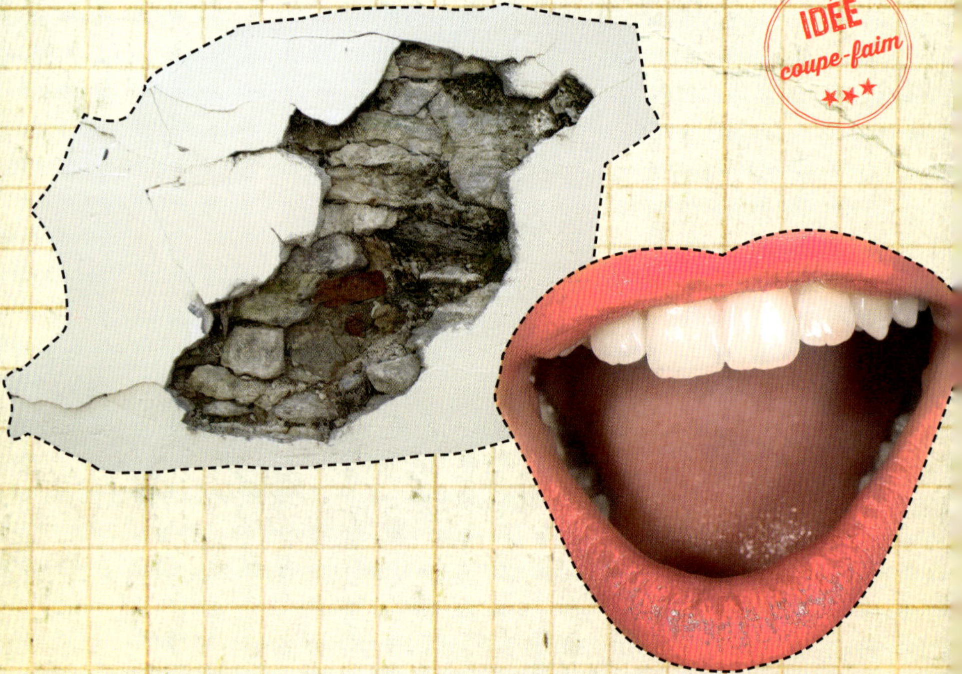

À bien mâcher

Couper de la mâche
Foutre dans de la Javel

IDÉE
coupe-faim
★★★

Le temps des cerises

IDÉE
coupe-faim
★★★

Couper des cerises
Foutre les noyaux dans sa bouche

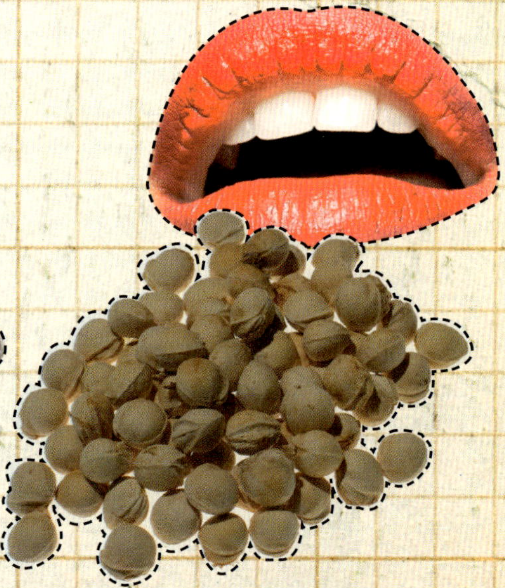

Pain surprise

Couper *un bout de pain*
Foutre *des cendres de cigarettes*

IDÉE
coupe-faim
★★★

Kiwi de la mer

IDÉE
coupe-faim
★★★

Couper *un kiwi*
Foutre *de l'huile de foie de morue*

Avec ou sans moutons ?

Couper de la poussière en petits morceaux
Foutre à fondre sur la langue

IDÉE
coupe-faim
★★★

Tisane bonne nuit

Couper le sachet de tisane
Foutre de l'eau chaude

IDÉE
digestion
★★★

Gâteau d'anniversaire

IDÉE
occasion
spéciale

Couper des œufs
Foutre de la farine et du sucre,
ajouter des bougies

Bûche de Noël

Couper une brioche sur toute la longueur
Foutre en rouleau

IDÉE
occasion spéciale

Galette des rois

Couper de la pâte feuilletée
Foutre de la crème d'amandes.
Si on veut, foutre aussi une fève.

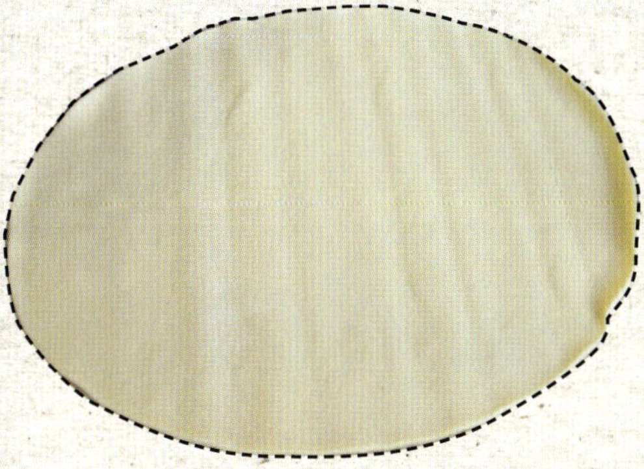

IDÉE
occasion spéciale

Index

Recettes - Solveig Darrigo-Darinet : 8, 10, 12, 14, 16, 18, 20, 22, 36, 40, 42, 44, 46, 48, 50, 52, 54, 112, 114, 116, 118, 120, 122, 124, 128, 136, 142, 148 ; Sylvie Girard-Lagorce : 24, 26, 30, 32, 56, 58, 60, 64, 70, 72, 74, 76, 78, 80, 82, 84, 126, 130, 132, 134, 146, 154, 162 ; François-régis Gaudry : 34, 106 ; Martine Lizambard : 38 ; Marie-Claude Bisson : 66, 86, 88, 90, 92, 94, 96, 98, 100, 102, 108, 110, 140, 144, 150, 152, 156, 158, 160, 164, 166 ; Caterina Rizzo : 68 ; Joséphine Piot : 138

Photographies - Fotolia

Avertissement de l'éditeur

Coupez tout ce que vous voulez
(sauf femme et enfant)
mais ne foutez pas n'importe quoi
dans votre bouche !

Directeur éditorial : Didier Férat
Édition : Océane Monange
Photogravure : Nord Compo
Fabrication : Laurence Duboscq

Solar | un département **place des éditeurs**

place des éditeurs

ISBN : 978-2-263-07245-1
Code éditeur : S07245
Dépôt légal : janvier 2016
Imprimé en Espagne par Macrolibros